Estimados padres:

¡Bienvenidos a la serie Lector de Scholastic! Nuestra experiencia de más de 80 años con maestros, padres y niños nos ha servido para diseñar un programa acorde con los temas de interés y las destrezas de su hijo/a.

Nivel 1 — Cuentos breves con oraciones cortas y palabras que su hijo/a puede deletrear utilizando sus destrezas fonéticas. Incluye palabras que es importante recordar.

Nivel 2 — Cuentos con oraciones más largas y palabras con las que su hijo/a debe familiarizarse y palabras nuevas que le encantará aprender.

Nivel 3 — Libros con oraciones y párrafos más extensos que contienen fragmentos de texto rico en vocabulario.

Nivel 4 — Los primeros libros en capítulos con más palabras y menos ilustraciones.

Es importante que los niños aprendan a leer correctamente para triunfar en la escuela y en la vida. Aquí les ofrecemos algunas ideas para leer este libro con su hijo/a:

- Hojeen el libro juntos. Anime a su hijo/a a leer el título y predecir el contenido del cuento.
- Lean el libro juntos. Anime a su hijo/a a deletrear las palabras cuando sea necesario. Si le resulta difícil leer alguna palabra, léasela usted.
- Pídale que le cuente el cuento con sus propias palabras. Esa es una buena manera de verificar si ha comprendido.

El objetivo de los libros de la serie Lector de Scholastic es apoyar los esfuerzos de su hijo/a para aprender a leer a cualquier edad y en cualquier etapa. Disfrute enseñando a su hijo/a a aprender a leer e incúlquele amor a la lectura.

— **Francie Alexander**
Directora del Departamento
de Educación de Scholastic

¡A Gilda con cariño, L'Chaim!
—J. Marzollo.

A mis amigos Matthew y Harrison
—J. Moffatt.

Originally published in English
as *I'm a Caterpillar*

Translated by Enrique Moguel.

ISBN 0-439-08697-3

12 11 10 9 8 7 6 5   6 7 8 9/0

Printed in the U.S.A.   23

First Spanish printing, January 1999

Soy una Oruga

por Jean Marzollo
Ilustrado por Judith Moffatt

Lector de Scholastic — Nivel 1

Cartwheel
·B·O·O·K·S·®

SCHOLASTIC INC.

New York Toronto London Auckland Sydney
Mexico City New Delhi Hong Kong Buenos Aires

Soy una oruga.
Ñam, ñam.
Crac, crac.

¡Estoy creciendo!
Ñam, ñam.
Crac, crac.

Ñam. Crac.
Ñam. Crac.
Ya está.
No más.
Terminé de
comer.

Me cuelgo de un tallo.

Y espero,
espero y
espero.

Tiemblo.
Me retuerzo.
¡Se me abre la piel!

Se me cae la piel.
Por dentro soy blanda.
Soy una pupa.

Hago un capullo
que protege la pupa.
Ahora soy una crisálida.

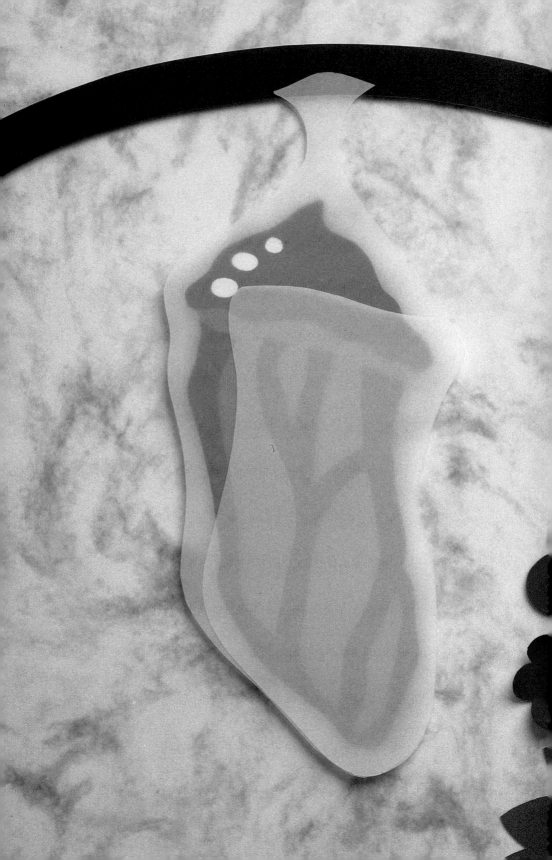

Sigo cambiando.
Pronto saldré.
¿Qué seré?

¡Una
mariposa!
Pum pum.
Catapún.
¡Oh!
¡Estoy libre!

Mis alas están mojadas.

Mis alas ya están secas.
Las abro.

Flop, flop.
¡Eh!
¡Puedo volar!
¡Tachán!

Visito las flores.
Bebo su néctar.
¡Ummm!
Mi boca es
como una
pajilla.
Glú.
Glú.
Glú.

Tengo un amigo.
Visitamos las flores.

No tenemos miedo a los
pájaros.
Saben que no somos
sabrosas.

Pronto pondré huevos.

Los huevos tienen una
cáscara muy fina.

Los bebés de oruga salen
arrastrándose.

¡Hola! Soy una oruga.

Ñam ñam. Crac crac.

oruga

¿Qué me pasará
después?
¿Lo sabes?

huevos

crisálida

mariposa